Casimir Perier

Du Droit maritime à propos du différend anglo-américain

Essai

 Le code de la propriété intellectuelle du 1er juillet 1992 interdit en effet expressément la photocopie à usage collectif sans autorisation des ayants droit. Or, cette pratique s'est généralisée dans les établissements d'enseignement supérieur, provoquant une baisse brutale des achats de livres et de revues, au point que la possibilité même pour les auteurs de créer des œuvres nouvelles et de les faire éditer correctement est aujourd'hui menacée. En application de la loi du 11 mars 1957, il est interdit de reproduire intégralement ou partiellement le présent ouvrage, sur quelque support que ce soit, sans autorisation de l'Éditeur ou du Centre Français d'Exploitation du Droit de Copie , 20, rue Grands Augustins, 75006 Paris.

ISBN : 978-1545424520

10   9   8   7   6   5   4   3   2   1

Casimir Perier

Du Droit maritime à propos du différend anglo-américain

Essai

Table de Matières

Du Droit maritime à propos du différend anglo-américain   6

Du Droit maritime à propos du différend anglo-américain

Lorsqu'éclata la rupture entre le nord et le sud des États-Unis d'Amérique, quiconque aime à chercher dans l'avenir la conséquence probable des événements put aisément prévoir les incidents de plus d'un genre que devait faire naître, entre les belligérants et les neutres, l'état incertain et compliqué de ce qu'on est convenu d'appeler le droit maritime international.

De toutes les questions que présente le droit public des nations entre elles, de toutes les questions qui ont armé les peuples les uns contre les autres, il n'en est pas de plus graves et de plus controversées que celles qui se rattachent à la situation des neutres, à leurs droits et à leurs obligations en temps de guerre maritime. Ces questions ont souvent agité le monde ; elles ont grandement contribué à troubler la fin du siècle dernier et le commencement de celui-ci. Après quarante années d'une paix où elles avaient cessé d'occuper l'attention publique, la guerre de Crimée aurait pu les réveiller, si la France et l'Angleterre, pour obéir aux nécessités de leur alliance, ne s'étaient hâtées de mettre momentanément d'accord, par une sorte de compromis sous forme de déclarations réciproques, les doctrines jusque-là si contradictoires. La nature même d'une guerre promptement terminée, l'isolement de la Russie, sa situation géographique, l'écrasante supériorité maritime de ses adversaires, tout se réunit pour garantir les belligérants et les neutres contre les sérieuses difficultés qui les menaçaient. Lorsque la paix se fit, le congrès de Paris termina ses travaux par une déclaration des principes que les puissances signataires du traité de 1856 adoptaient pour base définitive du futur droit maritime. Tous les états de l'Europe furent invités à donner leur adhésion, et tous adhérèrent. La même invitation fut adressée aux États-Unis d'Amérique, qui refusèrent leur acquiescement ; on dira plus loin pourquoi et comment.

Aujourd'hui c'est précisément aux États-Unis que la guerre s'est allumée, non pas entre deux pays et deux gouvernements séparés, mais entre les parties d'un tout plus ou moins homogène, circonstance qui complique singulièrement la situation et ouvre un vaste champ d'inépuisables controverses. Il ne faut pas toutefois se faire trop d'illusion ; en quelque lieu et de quelque part qu'une guerre fût venue mettre à l'épreuve l'effet des déclarations du congrès de Paris, il serait puéril de croire que l'œuvre de ce congrès fût de nature à rester également respectée de tous, offrant pour la première fois dans l'histoire du monde l'exemple d'un code définitif des nations universellement accepté et observé. Les déclarations étaient trop vagues, trop générales, trop incomplètes, pour permettre d'espérer un pareil accord. L'énonciation solennelle de quelques principes abstraits ne peut suffire pour garantir l'uniformité d'interprétation et de pratique dans une matière aussi ardue.

Ce n'est pas en effet d'un droit *primitif et naturel*, de ce qui constitue le droit des gens proprement dit, qu'il s'agit ici. Les relations internationales échappent presque toujours aux prescriptions positives de lois générales et reconnues par tous comme obligatoires ; ces relations sont régies par un droit secondaire, ou *droit conventionnel*. Ce droit, dérivé du droit des gens, dont il doit toujours tendre à se rapprocher, se modifie avec le temps, par les usages et par les traités. Les mêmes nations n'ont pas toujours adopté les mêmes principes et suivi les mêmes règles. La justice a souvent été étouffée sous la loi du plus fort ; le fait a dominé le droit. Des précédents historiques peuvent donc être invoqués à l'appui de toutes les prétentions, de toutes les agressions, de toutes les violences. Les forts ont presque toujours pris leurs passions et leurs intérêts du moment pour règle unique de leurs relations avec les faibles. Le droit conventionnel, assis sur la tradition, sur des traités variables et contradictoires, soumis à des interprétations diverses, n'est, à vrai dire, que la *jurisprudence* des nations.[1] Des traités inégalement conclus et plutôt imposés que consentis, des violences exercées et subies ne sauraient avoir plus d'autorité dans cette jurisprudence que n'en ont devant la justice civile les arrêts de juges prévarica-

---

[1] Puffendorf, qui n'a parlé nulle part de la *neutralité* dans son traité du *droit de la nature et des gens*, écrivait en 1692 une lettre curieuse dont il est bon de citer quelques lignes. « La question, disait-il, est certainement du nombre de celles qui n'ont pas encore été établies sur des fondements clairs et indubitables qui puissent faire règle pour tout le monde. *Dans tous les exemples qu'on allègue, il y a presque toujours quelque chose de droit et quelque chose de fait. Chacun d'ordinaire permet ou défend le commerce des peuples neutres avec ses ennemis selon qu'il lui importe d'entretenir amitié avec ces peuples ou qu'il se sent de force pour obtenir d'eux ce qu'il souhaite.* » Puffendorf écrivait ces lignes à la fin du XVIIe siècle, et les événements du XIXe prouvent encore la justesse de ses prévisions.

teurs ou les décisions arbitraires de pouvoirs despotiques.

Depuis quarante ans, le monde a changé de face ; les progrès de la civilisation, la vapeur, les chemins de fer, la télégraphie électrique, ont rendu les peuples de plus en plus solidaires. L'exercice rigoureux des droits des belligérants, tels que ces droits étaient reconnus par les défenseurs des droits des neutres dans les traités de 1780, de 1794, de 1800, et dans les traités postérieurs, ne pourrait plus être supporté en cas de guerre européenne. L'Angleterre soulèverait l'univers contre elle, si elle songeait jamais à faire prévaloir les principes qu'elle soutenait encore en 1812 contre les États-Unis d'Amérique, glorieusement armés pour défendre la liberté des mers.

Il ne saurait entrer dans le cadre de cette étude de remonter aux origines et de suivre les vicissitudes du droit maritime ; il suffit de noter quelques points essentiels. Les traités d'Utrecht commencèrent à faire justice des exorbitantes prétentions des belligérants, surtout de celles de l'Angleterre, que Selden avait poussées jusqu'à réclamer pour elle, dans son fameux traité *Mare clausum*, la *possession exclusive* des mers qui baignent ses rivages. La neutralité armée de 1780 ne put obtenir de l'Angleterre la reconnaissance explicite des droits encore incomplets que revendiquaient les neutres. Cependant l'alliance de la Russie, de la Suède et du Danemark à une époque où la Grande-Bretagne se trouvait en guerre avec la France, l'Espagne et la Hollande, entraîna sa soumission *de fait* à la plupart des obligations que lui imposait l'accord unanime de l'Europe. L'Angleterre ne devait pas tarder à prendre une terrible revanche de son échec, et lorsqu'en 1800 les nations maritimes du Nord s'armèrent de nouveau pour proclamer et défendre les principes, de la neutralité armée de 1780, la flotte anglaise, forçant l'entrée du Sund, attaqua et détruisit en pleine paix la flotte danoise dans le port de Copenhague. Cet attentat aurait pu coûter cher à la Grande-Bretagne, si au même moment l'assassinat de Paul Ier n'avait appelé au trône l'empereur Alexandre. Le premier acte du nouveau souverain, triste démenti aux glorieuses traditions de Catherine II, fut de renier, dans les conventions conclues en 1801 avec l'Angleterre, les principes des traités de 1780.

La complicité de la Russie, l'anéantissement de la flotte danoise, plus tard la destruction de notre propre marine, mirent les neutres à la discrétion de l'Angleterre. L'Europe vit fouler aux pieds tous les droits des neutres, tenter contre eux toutes les violences. Depuis Louis XIV, la France était restée fidèle aux principes protecteurs de la liberté des mers. Contrainte d'emprunter leurs armes à ses ennemis, elle ne le fit du moins qu'à titre de représailles. Les décrets de Berlin et de Milan, quelque jugement qu'on porte sur la politique qui les inspira, étaient présentes comme la revanche des actes d'arbitraire et de spoliation dont les mers devinrent le théâtre après la rupture de la paix d'Amiens. Lorsque par un ordre du conseil le cabinet britannique déclarait bloqués tous les ports de l'empire, lorsqu'il ordonnait la confiscation de toutes les cargaisons de grains expédiées d'un port neutre pour un port français et saisies sur la haute mer par ses croiseurs, il n'avait pas le droit de se plaindre du blocus continental. Quand l'Angleterre imposait aux navires neutres, sous peine d'être traités en ennemis, l'obligation de toucher à un port anglais, la France était autorisée à considérer comme dénationalisé tout navire qui se soumettait à cette exigence. Il importe d'ailleurs de remarquer que jamais la France ne prétendit, comme sa rivale, fonder sur les principes du droit des gens les mesures que lui commandait le soin de sa défense, et qu'au contraire elle déclara toujours formellement qu'elle répudierait de tels moyens lorsque cesseraient de les employer ceux qui les premiers n'avaient pas craint d'y recourir.

Il était nécessaire de rappeler brièvement ce triste passé avant d'exposer l'état actuel du droit maritime de l'Europe ; les enseignements de l'histoire se chargeront de démontrer la nécessité de nouveaux changements, sans lesquels la guerre amènerait infailliblement le retour à des pratiques rendues plus désastreuses que jamais par l'immense développement du commerce international.[1]

---

[1] Il faut nécessairement renvoyer aux traités spéciaux sur la matière ceux qui voudraient prendre une connaissance plus approfondie d'un sujet sur lequel ont été imprimés tant de volumineux recueils. Hubner, Klubber, Wheaton et plusieurs autres publicistes ont jeté de vives lumières sur la question ; mais nous possédons en France deux ouvrages récents qui résument et complètent les publications antérieures. *Les droits et les devoirs des nations neutres en temps de guerre maritime*, — *l'Histoire des origines, des progrès et des variations du droit maritime international*, par M. Hautefeuille, sont des œuvres du plus grand mérite, qui doivent être dans les mains de quiconque s'intéresse à l'étude de l'histoire et du droit public. On peut ne point partager toutes les opinions de l'auteur, mais il est impossible de ne pas éprouver de l'estime pour son savoir, de la sympathie pour l'esprit libéral et éclairé qui l'anime.

Le 16 avril 1856, les plénipotentiaires de la France, de la Grande-Bretagne, de l'Autriche, de la Russie, de la Sardaigne, de la Turquie et de la Prusse ont signé à Paris la déclaration suivante :

« 1° La course est et demeure abolie ;

« 2° Le pavillon neutre couvre la marchandise ennemie à l'exception de la contrebande de guerre ;

« 3° La marchandise neutre, à l'exception de la contrebande de guerre, n'est pas saisissable sous pavillon ennemi ;

« 4° Les blocus, pour être obligatoires, doivent être effectifs, c'est-à-dire maintenus par une force suffisante pour interdire réellement l'accès du territoire de l'ennemi.

« Les gouvernements des plénipotentiaires soussignés s'engagent à porter cette déclaration à la connaissance des états qui n'ont pas été appelés à participer au congrès de Paris, et à les inviter à y accéder. »

Les États-Unis ont refusé leur adhésion, et un message présidentiel a fait connaître les motifs de ce refus. La reconnaissance si formelle des droits des neutres, l'adoption par l'Angleterre du principe énergiquement et constamment combattu par elle que le *pavillon couvre la marchandise*, l'admission, dans le nouveau droit maritime de l'ancien principe que *la marchandise neutre n'est pas sujette à capture, même sous pavillon ennemi*, — tout cela ne pouvait que plaire aux États-Unis. Sauf de rares exceptions, toutes motivées par des circonstances particulières, leur gouvernement a toujours affirmé les droits les plus étendus des neutres ; il a bravé la guerre avec l'Angleterre plutôt que de se soumettre à l'exercice du droit *de recherche*, il a toujours repoussé le droit *de visite en temps de paix*, et ne l'a accepté, *en temps de guerre*, que comme moyen de réprimer la contrebande de guerre. C'est la clause relative à la suppression de la course qui a motivé le refus d'adhésion, ou, pour mieux dire, l'introduction de cette clause dans la déclaration de Paris a conduit les États-Unis à une contre-proposition beaucoup plus étendue. Ils se sont déclarés prêts à adhérer à l'acte final du congrès, si on voulait proclamer d'une manière absolue *l'inviolabilité de la propriété privée sur les mers, de telle sorte que les navires*

D'ailleurs les questions sont exposées avec tant de clarté et de sincérité que chacun peut, en pleine connaissance de cause, arriver aux conclusions que lui dictera sa raison.

Casimir Perier

de guerre fussent obligés de respecter les navires de commerce de l'ennemi. C'était là une proposition hardie peut-être, mais parfaitement légitime et logique de la part des États-Unis, mettant à ce prix leur acquiescement à la suppression définitive de la course.

Envisagés à un point de vue absolu, la doctrine de l'inviolabilité de la propriété privée sur les mers peut être contestée. Dans les guerres continentales, le progrès de la civilisation, l'adoucissement des mœurs, la multiplication des rapports habituels et la fusion croissante d'intérêts entre les peuples ont de plus en plus introduit, sinon dans le droit strict, du moins dans la pratique, le respect de la propriété privée. La destruction volontaire des propriétés particulières est donc généralement réprouvée, lorsqu'elle ne s'accomplit que dans la pensée de nuire à l'ennemi ; cette destruction ne réussit à se faire excuser que par une nécessité impérieuse, dans des circonstances exceptionnelles, et les bombardements même, employés comme moyen de réduction de places qui peuvent être autrement attaquées, soulèvent une réprobation universelle. Cependant il n'est pas besoin d'insister beaucoup pour faire sentir que d'essentielles et nombreuses différences existent entre la propriété privée assise sur le sol et celle qui flotte sur l'Océan. L'homme qui livre sa fortune aux chances des expéditions maritimes ne peut prétendre à tous les privilèges, à tous les ménagements qu'on accorde au citoyen dans son domicile, sur sa terre natale. L'attaque contre la propriété privée dans la guerre continentale expose les femmes et les enfants, détruit le toit qui couvre la famille, frappe le plus pauvre comme le plus riche. Autre chose est la saisie, sur des mers qui sont du domaine de tous, d'un navire, pur instrument du commerce de l'ennemi, destiné à l'échange lointain des produits de son sol ou de son industrie, et cependant ce navire n'est déclaré de bonne prise que quand un tribunal a prononcé sur la validité de la saisie, en sauvegardant, s'il y a lieu, les droits des neutres. Déclarer l'inviolabilité de la propriété privée sur les mers, ce serait certainement enlever aux luttes internationales une partie de leurs rigueurs. Vainement les défenseurs des droits des belligérants allèguent que ce serait diminuer la crainte salutaire de la guerre, en rendre la pensée moins redoutable, la durée plus longue ; vainement ils nient que ce fût là un progrès véritable. Si le principe est encore difficile à faire reconnaître de tous, s'il n'est pas probable que ce principe soit prochainement admis dans le droit public des nations, tout ami de l'humanité fera des vœux pour qu'il finisse par triompher. Les États-Unis se plaçaient toutefois sur un terrain habilement choisi, lorsqu'ils faisaient dépendre leur renonciation à la course de cette inviolabilité de la propriété privée.

On a beaucoup écrit pour et contre la course. Les sentiments d'humanité de ceux qui la condamnent sont-ils également réfléchis et également sincères ? Est-on bien fondé à qualifier de pirates *les volontaires de la mer* au moment où des corps de volontaires viennent d'exercer une telle influence sur le sort de l'Italie ? Qu'une puissance maritime prépondérante, la première à la fois par son commerce et par ses armements, obligée pour subsister d'assurer la liberté de ses transports, disposant d'un matériel naval immense et pouvant réparer ses pertes d'hommes grâce à une pépinière inépuisable de matelots, que cette puissance proscrive la course, cela se conçoit aisément. Les raisons mêmes qui l'y engagent doivent détourner d'en faire autant ceux qui n'entreraient en lutte avec elle que dans des conditions très différentes. Les corsaires peuvent tenir glorieusement et utilement la mer (ils l'ont assez prouvé sous la république et sous l'empire) alors que les flottes régulières sont détruites par de longs revers ou paralysées par une trop grande disproportion de forces. La course est surtout nuisible à celui des belligérants dont le commerce maritime couvre les mers de son pavillon et offre dix prises contre une à l'audace des corsaires. C'est ce qu'ont parfaitement compris les États-Unis ; c'est ce qu'a peut-être trop perdu de vue votre gouvernement en signant la déclaration du 16 avril 1856, car la France ne peut avoir oublié les exploits de Surcouf et de tant d'héroïques enfants de Dunkerque, de Saint-Malo, de Granville ; la France ne peut avoir oublié que c'est la course qui lui donna Jean Bart et Duguay-Trouin. Que l'abolition de la course soit présentée comme un progrès de la civilisation, nul n'y contredira ; mais, pour ne pas risquer d'être victime de sentiments généreux, il eût mieux valu que la France ne renonçât à cette arme si redoutable entre ses mains qu'aux conditions posées par les États-Unis.

Il est vrai qu'outre les raisons puisées dans des sentiments d'humanité, on allègue, pour justifier une telle concession, l'intérêt qu'avaient la France et les puissances maritimes de second ordre à faire consacrer formellement par l'assentiment de l'Angleterre les principes protecteurs de la liberté des mers et des droits des neutres. Il est difficile d'accepter cette explication. En s'engageant à respecter désormais les transports faits sous pavillon neutre, à ne reconnaître et à n'imposer comme obligatoires que les blocus effectifs, l'Angleterre n'a fait aucun sacrifice réel. Son assentiment à ces principes, devenus, sauf une seule exception, ceux de toutes les nations civilisées, était dans la force des choses. L'Angleterre pouvait différer cet assentiment ; mais, la guerre éclatant, elle n'aurait eu qu'à le donner ou à se le voir arracher par la nécessité. On serait donc mal fondé, pour elle du moins, à revendiquer au nom des progrès de la civilisation, des idées de droit et de justice, l'honneur d'un résultat dû à d'autres causes. Nous en avons pour garants les propres aveux d'un de ses plénipotentiaires au congrès de Paris et de son premier ministre. Exposant, le 22 mai 1856, devant la chambre des lords, les motifs qui avaient déterminé les plénipotentiaires de la Grande-Bretagne à signer la déclaration du 16 avril, lord Clarendon n'hésita pas, malgré le retentissement que ses paroles devaient avoir de l'autre côté du détroit, à s'exprimer ainsi : « Nous avons obtenu de la France, en matière de lettres de marque, la consécration d'un principe qui sera très avantageux pour une nation commerçante comme l'Angleterre ; *l'abolition des lettres de marque est plus que l'équivalent de l'abandon d'un droit que je sais qu'il est impossible de soutenir.* Cette abolition est bien plus importante aujourd'hui qu'elle ne l'a été à aucune autre époque. Lorsque le bâtiment marchand et le corsaire attendaient tous deux du vent leur puissance motrice, ils étaient comparativement sur le pied de l'égalité, et c'était le plus fin voilier qui prenait l'avance ; mais la majeure partie de notre commerce, se faisant encore sur des bâtiments à voiles, serait absolument à la merci d'un corsaire, quelque petit qu'il fût, faisant la course à la vapeur. En conséquence, je regarde l'abolition des lettres de marque comme étant du plus grand avantage pour un peuple aussi commerçant que le peuple anglais. » Lord Palmerston avait dit, le 6 mai, à la chambre des communes : « *C'est nous qui avons le plus gagné à ce changement* par suite duquel pendant toute cette guerre (celle de Crimée) nos relations commerciales n'ont pas souffert. »

À l'époque du dernier traité de Paris, la situation relative de l'Angleterre et des autres puissances maritimes était bien différente de ce qu'elle était il y a cinquante ans. Ce changement, amené en partie par le développement des forces navales de la France et de la Russie, était surtout dû à la place prise par les États-Unis d'Amérique au premier rang des nations maritimes. Si depuis quelques années la politique avouée du gouvernement fédéral, politique conforme aux doctrines de Monroë, a été de ne point intervenir dans les querelles de l'Europe, ce n'était pas seulement comme pouvant servir de fondement à des prétentions exclusives sur le règlement des affaires du Nouveau-Monde que cette conduite était adoptée. Ce n'était pas non plus par amour platonique de la liberté des mers que les Américains s'étaient montrés toujours si zélés défenseurs des droits de la neutralité. L'attachement à des principes abstraits n'est guère le mobile des politiques, et la diplomatie n'en fait le plus souvent, comme on l'a dit justement à propos du principe de non-intervention, qu'un *moyen pour l'esprit* et une arme pour la protection d'intérêts particuliers. — A ce titre surtout, les Américains étaient plus enclins que personne à faire prévaloir les privilèges du pavillon neutre. En cas de guerre européenne, le commerce des belligérants devait être appelé par la force des choses à emprunter le pavillon étoile de l'Union. C'était là tout à la fois un grand avantage pour l'Union, une garantie pour les faibles et un frein pour les forts, car celui des belligérants qui aurait méconnu des prétentions légitimes en elles-mêmes et prêtes à s'appuyer d'une force redoutable se serait exposé presque infailliblement à voir la neutralité de l'Amérique se changer contre lui en hostilité. Lord Clarendon avait certainement fait ces réflexions, sans qu'il jugeât nécessaire de les communiquer à ses auditeurs, lorsqu'il disait qu'en ; renonçant à sa prétention passée de saisir la marchandise ennemie sous pavillon neutre, l'Angleterre n'avait fait qu'une concession apparente, et que c'était là désormais *un droit impossible à soutenir.*

Les critiques que soulèvent sur ce point les déclarations du traité de Paris ne sont pas les seules qu'on soit en droit de faire. Il en est malheureusement d'autres qui trouveront peu de contradicteurs, car si l'abolition de la course, désavantageuse à la France, presque exclusivement favorable à l'Angleterre, est cependant approuvée de ceux qui pensent que notre désintéressement ne doit pas reculer devant le sacrifice de nos intérêts à des idées et à des sentiments généreux, ceux-là seront d'autant plus disposés à regretter qu'une pareille concession n'ait pas été mise à profit pour faire fixer les points litigieux du droit maritime. Le sentiment d'humanité qui faisait condamner la course aurait obtenu un plus grand triomphe encore, si l'on avait écarté de l'avenir les chances de conflits par des stipulations claires et précises. Les déclarations du traité de Paris, personne ne le niera, sont conçues, relativement aux blocus, en termes beaucoup trop généraux ; elles autorisent la saisie de la *contrebande de guerre*, sans dire en quoi consistera cette contrebande, ce qui est toute la question ; elles se taisent complètement sur un des points les plus contestés du droit maritime international, *la visite des navires neutres par les belligérants*. Cependant ce n'est pas du principe abstrait de la prohibition du transport de la contrebande de guerre, prohibition généralement admise par tous les traités, que sont sorties les contestations renouvelées à chaque guerre. Les neutres ont toujours reconnu aux belligérants le droit d'interdire une certaine contrebande de guerre ; mais la définition de cette contrebande n'a jamais pu se faire d'un consentement unanime. Le principe du droit des gens, que *les neutres ne doivent pas fournir des armes aux combattants*, était trop conforme au droit naturel et primitif pour être contesté. La question ainsi posée était simple et se résolvait aisément ; on l'a compliquée, on l'a rendue presque insoluble en la déplaçant. Au lieu de la considérer au point de vue du *devoir des neutres*, on l'a envisagée et discutée au point de vue des *droits*, c'est-à-dire des intérêts des *belligérants*. La question changeait dès lors de caractère et de portée ; elle s'égarait dans les variations et les abus du droit *secondaire ou conventionnel* ; une appréciation à peu près arbitraire prenait la place d'une définition facile. Le *devoir des neutres* interdisait les *secours en armes et en munitions de guerre fabriquées et préparées* ; le *droit* du belligérant n'avait guère pour limites que son intérêt et son caprice ; l'affirmation de ce droit, se modifiant selon les circonstances, ouvrait la porte aux prétentions les plus singulières, aux interdictions les plus étendues. Ce furent tantôt les matières premières nécessaires à la fabrication et à l'emploi des armes, c'est-à-dire à peu près tous les métaux, le soufre, le salpêtre, tantôt les effets d'habillement et les objets propres à confectionner les équipements militaires, les draps, les cuirs, tantôt tout ce qui entre dans les constructions navales, bois, goudron, chanvre, tantôt les vivres, les grains, les farines, les boissons, tantôt la houille, nomenclature interminable dans laquelle, une fois le premier pas fait, il est bien facile de ranger à peu près toutes les denrées qui alimentent le commerce du monde.

Quelque divergentes qu'aient été à cet égard les opinions des publicistes, il est difficile, soit que l'on prononce par des motifs de droit, soit qu'on se décide d'après l'usage général et la jurisprudence des traités, de ne pas conclure que la contrebande doit être limitée désormais aux *armes*, aux *munitions de guerre* et aux *équipement militaires*.[1] L'Angleterre seule a soutenu jusqu'à nos jours le système contraire, et le traité de Paris ne change rien à l'état de la question. Ce traité est également silencieux *sur les personnes*, dont il est permis aux belligérants d'interdire le transport sous pavillon neutre. Rien, ni dans le droit naturel, ni dans le droit conventionnel, rien dans les auteurs qui ont traité ce sujet, n'autorise à étendre aux employés civils, encore moins aux agents accrédités près des gouvernements neutres, une interdiction qui ne peut s'appliquer qu'aux *gens de guerre*. Ce serait là, de la part des belligérants, une atteinte des plus graves au droit des neutres. Toutes les raisons qui ont été alléguées, dans l'affaire du *Trent*, en faveur de cette doctrine excessive, ne valent pas même une réfutation. Les précédents invoqués sont inexacts ou abusifs, et c'est surtout en pareille matière qu'il ne peut y avoir *de droit contre le droit*. Wheaton a condamné le *transport frauduleux* des dépêches ; mais ce n'est pas un transport *frauduleux* (en supposant même qu'on élève la prétention

---

1 M, Hautefeuille fait à ce sujet l'observation suivante : « Quelques traités modernes, *conclus surtout par les États-Unis d'Amérique*, terminent l'énumération des objets de contrebande par une phrase à laquelle il suffirait d'ajouter un mot pour la rendre très juste et très complète. Voici comment ils s'expriment : « Toute espèce d'armes ou instruments en fer, acier, bronze, cuivre ou autres matières quelconques manufacturées, préparées et fabriquées expressément pour faire la guerre sur terre ou sur mer. » En ajoutant dans le dernier membre de la phrase un seul mot et en disant : *expressément et uniquement destinées...*, on aurait une définition très exacte de la contrebande. Je n'hésite pas à recommander une rédaction de cette nature à tous les peuples, parce que, appliquée loyalement, cette phrase ne peut jamais donner lieu à aucun embarras, et qu'elle exclut naturellement tous les objet, qui, pour servir à la guerre, ont besoin de subir une transformation par la main de l'homme, toutes les matières premières, enfin parce qu'elle renferme la contrebande dans les limites du droit primitif et même du droit secondaire tel qu'il nous a été légué par le XVIIIe siècle. » (*Droit maritime international*, page 83.)

d'assimiler des *envoyés* a des *dépêches*), ce n'est pas un transport frauduleux que celui qui s'opère de port neutre à port neutre, à bien plus forte raison lorsque ce transport a lieu sur un navire spécialement affecté à un service postal. Si le contraire était admis, les croiseurs du gouvernement fédéral pourraient arrêter chaque jour dans la Manche, hors de la limite assignée à la juridiction territoriale, tous les paquebots français ou anglais qui naviguent entre les deux pays, pour y saisir les dépêches ou les agents des états confédérés. Dans le cas où la guerre éclaterait entre les états du nord et l'Angleterre, la France violerait la neutralité en continuant, sur les paquebots de l'administration des postes dans la Méditerranée, le service de la malle de l'Inde. La neutralité interdit le transport des dépêches de *port ennemi à port ennemi* ; aller au-delà, ce serait, dans une infinité de cas dont il serait aisé de citer des exemples, porter aux relations des neutres avec les belligérants, et même aux relations des neutres entre eux, un préjudice que les droits de la guerre ne permettent pas de leur infliger. Quiconque se livrera à de tels actes doit savoir qu'il agit à ses risques et périls, au nom des seuls droits de la force, et devra être prêt à soutenir ces prétendus droits par les armes, — seule sanction des droits abusifs. Disons donc hautement que, dans l'état actuel de la jurisprudence des nations, la navigation de port neutre à port neutre est affranchie de toute entrave et jouit d'immunités absolues.[1] Les États-Unis ne peuvent pas plus prétendre à s'immiscer dans le commerce et les transports entre l'Angleterre et La Havane ou le Mexique, que la France, en guerre avec l'Angleterre, ne pourrait arrêter et saisir dans la Mer du Nord, sous quelque prétexte que ce fût, un navire russe faisant voile pour Anvers ou pour la Méditerranée. Le seul droit d'un croiseur en pareil cas est de s'assurer de la destination du neutre par l'examen des papiers de bord. Cette dernière réflexion conduit naturellement à parler du *droit de visite*, qui n'est pas même mentionné dans les déclarations du traité de Paris. Cependant les plus graves conflits sont nés, à diverses époques, de ce droit, non

---

[1] Ne pouvant entrer dans tous les détails, je crois à peine nécessaire de dire ici qu'il faut que la *destination* ne puisse être douteuse. Un navire neutre expédié pour un port neutre, mais rencontré hors de sa route a proximité des côtes de l'ennemi, s'il était porteur de contrebande de guerre et ne pouvait justifier de motifs suffisants pour se trouver dans ces parages, s'exposerait certainement à un soupçon légitime de fraude, à une saisie et à une condamnation.

contesté en temps de guerre, mais qu'il faut distinguer du droit *de recherche*,[1] et qui ne peut être exercé à l'égard des navires *convoyés*, c'est-à-dire escortés par des vaisseaux de guerre appartenant aux pays neutres. Le droit de visite rappelle la longue et courageuse lutte, des marines du Nord contre la Grande-Bretagne ; il réveille le souvenir des combats glorieux entre des escadres anglaises et des frégates danoises et suédoises aimant mieux s'exposer à être coulées bas que de laisser insulter leur pavillon et de souffrir la visite des navires placés sous leur protection.

Dans la discussion soutenue avec tant de fermeté et d'éclat par M. de Bernstorff contre les exigences du cabinet britannique en avril 1800, le diplomate anglais, M. Merry, poussé dans ses derniers retranchements, s'écriait : « Voyez où conduit votre doctrine ! grâce à elle, l'escorte d'un brick suffirait pour dispenser de la visite toute la marine marchande du Danemark rencontrée par toutes les flottes de l'Angleterre. » La réponse de l'illustre ministre danois fut aussi juste que pleine d'à-propos : « Voyez, à votre tour, où conduit votre doctrine ! grâce à elle, toutes les flottes du Danemark commandées par ses amiraux ne pourraient pas dispenser un convoi d'être visité par un corsaire anglais. »

À cette époque, le droit de visite réclamé par l'Angleterre avait pour objet principal la saisie des marchandises ennemies, que ses tribunaux déclaraient de bonne prise sur les navires neutres, prétention à laquelle elle a renoncé par le traité de Paris. Cependant la visite est aussi nécessaire à la constatation de la nationalité et à la saisie, à bord des neutres, de la contrebande de guerre qu'elle l'était lorsqu'elle avait pour but la confiscation de la marchandise

---

1 La *recherche (search)* est très différente de la *visite*. La visite consiste à s'assurer par l'examen des papiers de bord de la nationalité du navire, de sa destination et de la composition de la cargaison. Par la recherche, le belligérant, ne tenant aucun compte des papiers de bord, s'arroge le droit de perquisition. La visite doit être soufferte par le neutre comme conséquence légitime des droits du belligérant. La recherche (sauf le cas où existent des motifs de suspicion que le visiteur doit énoncer) est une vexation et une injure que n'ont jamais tolérées les nations soigneuses de leur dignité. Il est une autre visite qui s'exerce en temps de paix, dans des parages déterminés, et dont le but est la répression de la traite des noirs ; cette visite ne peut être imposée au pavillon d'un pays qui n'y a point consenti. La France l'a acceptée par des conventions spéciales avec l'Angleterre ; les États-Unis n'ont jamais voulu s'y soumettre. Quelque jugement qu'on porte sur ce point, comme il est étranger à notre sujet, il n'y a pas à s'en occuper ici.

ennemie. On comprend dès lors qu'avec l'élasticité que donnent à la contrebande de guerre les termes généraux de la déclaration de 1850, et par suite du manque absolu de stipulations relatives à la visite, tout reste livré, comme jadis, à l'arbitraire des belligérants.

La visite des navires marchands a été toujours acceptée, *en temps de guerre*, pour la constatation de la nationalité et pour la vérification de la contrebande de guerre ; mais tous les traités qui s'en sont occupés depuis le traité des Pyrénées de 1659[1] l'ont assujettie à des formes protectrices de la dignité des pavillons neutres et des intérêts de commerce. Ils ont fixé la distance à laquelle doit s'arrêter le vaisseau visiteur, le nombre d'hommes qu'il peut faire monter à bord du navire visité. Ces traités ont interdit *toute recherche*, toute saisie, tout enlèvement, n'autorisant que l'examen des papiers de bord, ne conférant au belligérant, en cas d'infraction manifeste à la neutralité ou de suspicion légitime, d'autre pouvoir que celui de conduire le navire coupable ou justement suspect dans un port pour y être jugé. Des questions si délicates, parce qu'elles touchent à l'honneur des pavillons, ne peuvent être trop tôt résolues, de manière à ne laisser subsister aucun doute, à ne permettre aucune dissidence. Il paraîtra probablement nécessaire d'assimiler aux navires convoyés, c'est-à-dire de dispenser de la visite, les paquebots faisant le service de la malle, à bord desquels se trouve un agent officiel des postes. La liberté, la sécurité, la régularité des communications de ce genre intéressent tout le monde, et la saisie d'un paquebot, le retard des correspondances peuvent être la cause de graves préjudices.

C'est quelque chose sans doute, mais ce n'est pas assez que d'avoir obtenu de l'Angleterre qu'elle reconnût que, *pour être obligatoires, les blocus doivent être effectifs, c'est-à-dire maintenus par*

---

1 Je ne connais qu'une seule convention où l'Angleterre ait obtenu une déviation de ces règles, c'est la convention de 1707 avec la Russie ; encore faut-il dire que l'article est rédigé en termes vagues et généraux : « Quant à la visite des vaisseaux marchands, les vaisseaux de guerre et corsaires se conduiront avec autant de modération que les circonstances de la guerre permettront d'en user envers les puissances amies restées neutres, et en observant *le plus qu'il sera possible* les principes généralement reconnus et les préceptes du droit des gens, » Singulière rédaction pour un article de traité ! La Russie ne tarda pas à regretter sa faiblesse, et lorsqu'en 1807, après le bombardement de Copenhague, elle déclara la guerre à l'Angleterre, on put lire entre autres griefs, dans le manifeste impérial, Il que, contre la foi et la parole expresse des traités, l'Angleterre tourmentait sur mer le commerce des sujets de la Russie. »

uns force suffisante pour interdire réellement l'accès du littoral de l'ennemi. La preuve que ce n'est pas assez est fournie par beaucoup de traités qui renferment des stipulation plus précises, des garanties plus complètes, car qui sera juge de l'efficacité du blocus, si ce n'est le belligérant, et qu'est-ce qui l'empochera de trouver suffisante une force dérisoire ? A la rigueur, on peut soutenir qu'un seul petit navire armé est en état d'interdire l'accès d'un port à toute une flotte de vaisseaux marchands. N'a-t-on pas vu de simples barques montées par de hardis corsaires s'emparer des galions de l'Espagne et des *east-indiamen* de l'Angleterre ? Il faut donc, pour que des stipulations de ce genre aient quelque valeur, s'expliquer plus clairement sur tout ce qui a soulevé des litiges dans le passé et ne manquerait pas d'en soulever de nouveaux. Il faut dire à quelles conditions la force navale destinée à maintenir le blocus sera reconnue propre à le faire respecter ; il faut fixer, comme l'ont fait certains traités, le nombre minimum de vaisseaux et de canons ; il faut stipuler que ces vaisseaux doivent être présents, arrêtés devant le port bloqué, ou naviguant sans s'en éloigner de manière à en fermer efficacement l'entrée. Il ne faut pas qu'un simple aviso courant des bordées devant une côte prétende interdire au monde entier tel commerce d'où peuvent dépendre le bien-être et parfois l'existence de millions d'hommes. Je vais même plus loin : la validité du blocus devrait dépendre d'une attaque simultanée par terre ; c'est là du moins un but à poursuivre, si on ne peut l'atteindre. Une place ne serait considérée comme bloquée que lorsqu'elle serait assiégée ou tout au moins investie. Cette opinion, que j'ai entendu défendre par de hautes autorités, s'appuie sur de justes et fortes raisons. Pour imposer aux neutres des sacrifices aussi grands que ceux qu'entraîne parfois le respect du blocus, le belligérant doit prouver la nécessité de ces sacrifices ; or la nécessité n'existe pas lorsque le port bloqué, n'étant pas investi, peut recevoir par terre ce que la mer ne lui apporte pas. Il arriverait un jour ou l'autre, avec le système actuel, qu'un assaillant incapable de maintenir un soldat sur le territoire ennemi en interdirait l'accès par mer au moyen de quelques vaisseaux, empêcherait le commerce maritime des neutres, tandis qu'un voisin enverrait sans obstacles, par routes, fleuves, canaux ou chemins de fer, les produits de son sol et de son industrie jusque sur les quais d'une ville ouverte à tous du côté de terre, et dont le port seul serait bloqué. C'est à peu près ce qui se passe pour la plupart des ports de l'Amérique du Sud ; mais l'anomalie serait encore plus frappante, si l'on prenait des exemples en Europe, où les frontières sont plus rapprochées, les distances moins grandes, les transports par terre facilités par de nombreuses voies de communication.

Je ne pourrais, sans m'écarter du plan de cette étude, toucher, même sommairement, à tous les points litigieux du droit maritime ; je me borne à indiquer les principaux. Il faut cependant dire quelques mots d'un fait récent qui doit se renouveler et qui a soulevé une controverse de nature à prouver combien sont peu connues les règles du droit maritime. Lorsque le *Nashville*, appartenant à la marine du sud, est entré à Southampton après avoir détruit en mer un navire du nord, quelques personnes ont cru que la neutralité était violée par l'admission du *Nashville* dans un port anglais : c'est une erreur. L'état neutre n'est tenu qu'à observer la plus stricte impartialité dans le traitement qu'il accorde aux belligérants ; il peut leur fermer ses ports, il peut les leur ouvrir ; son seul devoir est de placer les vaisseaux de guerre et les corsaires de chacun sur un pied de parfaite égalité, de ne recevoir aucune prise et de ne permettre aucune hostilité dans les limites de sa juridiction.[1]

Je ne pousserai pas plus loin ces réflexions. Je crois en avoir assez dit pour montrer quel est l'état incertain et précaire du droit maritime international et combien il importe qu'un prompt remède soit apporté à cette situation, pleine de périls pour la paix du monde. L'incident déplorable du *Trent* serait à lui seul la preuve de ce que j'avance, si l'évidence avait besoin de preuves. Que la guerre se prolonge en Amérique, et d'autres incidents se présenteront ; que la guerre éclate entre l'Angleterre et les États-Unis, et les chances de complications entre les belligérants et les neutres seront décuplées, les conflits naîtront partout, à propos de tout. — Contrebande de guerre, blocus, droit de visite, tout est sujet à contestation, car tout est livré à l'interprétation et à l'arbitraire. Supposons en effet que le gouvernement fédéral eût adhéré aux déclarations du traité de Paris, rien n'eût été changé, car rien dans ces déclarations ne s'ap-

1 Le gouvernement espagnol vient de traiter le *Sumter*, qui n'est qu'un corsaire, comme le gouvernement anglais avait traité le *Nashville*, comme on avait déjà traité le *Sumter* à la Martinique. Il y aurait inhumanité à refuser des vivres ou les moyens de réparer des avaries à un navire en détresse.

Du Droit maritime à propos du différend anglo-américain

plique directement au cas du *Trent*. L'Angleterre n'aurait pas eu un seul argument de plus à faire valoir, vis-à-vis d'une des parties contractantes au traité de Paris, que les raisons qu'elle a opposées si justement au gouvernement fédéral. C'est dans l'état antérieur de la jurisprudence des nations, dans des précédents, dans des traités, dans des inductions, qu'il a fallu chercher les arguments qui ont été mis en avant par les avocats officieux des deux causes. Peu importe d'ailleurs, pour le but qu'on s'est proposé ici, l'opinion que chacun se formera sur le fait, peu importe la solution de la question de droit, peu importent même les suites si graves d'un pareil événement ; c'est assez qu'il ait pu se produire, c'est assez que l'acte ait été commis par ceux qui ont toujours défendu les droits les plus étendus des neutres, et qu'il soit considéré comme un *casus belli* par ceux qui ont porté naguère au-delà de toutes limites les prétentions des belligérants. La confusion est complète, et la nécessité de faire cesser de telles divergences et de telles incertitudes doit frapper tous les esprits.

L'issue pacifique du différend anglo-américain ne semble plus douteuse. Le gouvernement fédéral paraît avoir reconnu la justice des réclamations de l'Angleterre ; il a déclaré que le capitaine Wilkes avait agi sans autorisation, et que les prisonniers seraient rendus. Il y aurait donc peu de chose à dire désormais des causes de ce différend, sur lequel tous les gouvernements de l'Europe n'ont guère porté qu'un seul et même jugement, si des opinions fort erronées ne s'étaient manifestées, ce qui rend utile de résumer ce débat dans ses termes vrais, au risque de répéter ce qui a pu être dit ailleurs. De deux choses l'une : ou les confédérés du sud sont des belligérants, et alors leurs envoyés étaient couverts par l'inviolabilité du pavillon qui les. abritait, ou les confédérés sont des rebelles, et alors c'est le droit d'asile qui a été violé sur le pont du *Trent* dans la personne de MM. Mason et Sliddel. Un journal s'est servi d'une comparaison juste au point de vue anglais. « Supposons, a dit le *Times*, l'Angleterre en guerre avec la France. Le gouvernement russe pourrait-il souffrir qu'un croiseur britannique arrêtât dans la Baltique la malle russe de Stettin à Cronstadt pour y saisir un agent diplomatique français se rendant à Saint-Pétersbourg ? » Voici une autre comparaison aussi juste au point de vue américain. « Lorsque Kossuth se réfugia en Angleterre avec le but avoué d'y exciter des sympathies en faveur de la Hongrie, s'il s'était embarqué sur un navire anglais, le gouvernement britannique aurait-il pu permettre qu'un vaisseau de guerre autrichien enlevât le passager placé sous la protection de son pavillon ? » Il y a même cette différence que, si Kossuth était vis-à-vis de l'Autriche dans la situation où le gouvernement fédéral prétend placer MM. Mason et Sliddel, le gouvernement britannique n'avait pas reconnu à la Hongrie les droits qu'il accorde aux états du sud. Voulût-on admettre que le doute ait pu exister sur la légalité de la présence des envoyés du sud abord du *Trent* et que ce fût la matière à discussion, rien n'autorisait le capitaine Wilkes à faire justice de ses mains. Jamais les prétentions les plus excessives n'ont été portées jusqu'à reconnaître de tels pouvoirs au commandant d'un vaisseau de guerre. « Le préjudice aurait été plus grand, a-t-on dit, si le *Trent* avait été arrêté, détourné de sa route et retenu dans un port jusqu'après la décision d'une cour de justice compétente. » Ce n'est pas là un argument sérieux. Dès que l'honneur est intéressé, l'offense ne se mesure pas à l'étendue du dommage, et d'ailleurs, en forçant tant soit peu le principe, on arriverait aisément à établir que les agents de la force publique peuvent partout dispenser du recours aux tribunaux, et que les prévenus gagneront à n'avoir pas à souffrir des lenteurs de la justice. Toute la question se réduit là, et, ramenée à ces termes, les seuls véritables, elle n'avait que faire, pour être résolue, de l'érudition sous laquelle on l'étouffait en la dénaturant.

Le gouvernement fédéral n'a pas voulu démentir les glorieuses traditions de son pays ; il s'honore par cette résolution, il répond victorieusement à ceux qui le soupçonnaient d'être trop dominé par les passions populaires pour pouvoir écouter la voix de la sagesse et de la modération. En cédant aux réclamations du cabinet britannique, il fait plus pour la cause de la liberté des mers que s'il avait arraché par les armes à l'Angleterre la reconnaissance de droits qu'elle aurait violés. L'Angleterre est trop engagée par son succès pour pouvoir désormais renier les principes qu'elle s'est déclarée prête à soutenir de tout l'effort de sa puissance. La mise en liberté de MM. Mason et Sliddel est, pour les progrès du droit maritime, un triomphe plus grand, une consécration plus éclatante que ne l'ont été les déclarations du traité de Paris.

Il est peut-être à regretter qu'on ait attendu les réclamations de l'Angleterre, et qu'on ne se soit pas empressé, dès l'arrivée du *San-Jacinto*, de mettre en liberté les commissaires du sud. Le bruit qui s'est fait autour de l'incident aurait été fort affaibli. Une longue attente et les incertitudes que cette attente a fait naître ont soulevé dans la presse anglaise et américaine une polémique dont peut souffrir l'avenir des bons rapports entre les deux pays. La satisfaction. générale avec laquelle est accueillie la solution pacifique de cette affaire ne doit donc pas nous fermer les yeux sur les dangers futurs. Les États-Unis ont été longtemps habitués de la part de l'Angleterre à une tolérance et à une patience très grandes ; en plus d'une occasion, ils ont impunément dirigé contre elle des agressions, ils lui ont tenu un langage dont la fierté britannique souffrait, et qu'elle n'aurait pas toléré, venant de toute autre part, Dans la situation difficile et tendue où les place la rupture avec les états du sud, les. états du nord ne doivent pas oublier combien les choses ont changé d'aspect, combien l'Angleterre a moins de raisons que par le passé de craindre une guerre qui pouvait la priver du coton. Si, sans qu'elle parût se trop démentir, il lui était fourni un prétexte légitime de tendre la main aux esclavagistes, elle pourrait succomber à la tentation et saisir l'occasion de rouvrir les marchés du sud, comme de précipiter, de rendre peut-être irrévocable la dissolution d'une puissance dont l'accroissement prodigieux est pour elle un sujet d'inquiétude. L'Angleterre a cependant de nombreux motifs de prudence. S'il est probable que le début d'une guerre fût favorable à ses armes, l'expérience a dû lui apprendre à ne pas dédaigner des adversaires dont l'énergie s'est plus d'une fois retrempée dans les revers ; le commerce maritime de l'empire britannique redouterait justement les suites d'une rupture pour les richesses immenses qu'il crée par son activité et qu'il transporte à travers les mers, *factor et portitor*. De son côté, le gouvernement fédéral a de graves difficultés à surmonter ; il doit savoir aujourd'hui qu'il verrait l'opinion de l'Europe se prononcer contre toute violation des droits de la neutralité. Les avertissements n'ont pas manqué, et la France, dans la dépêche de M. Thouvenel à notre ministre aux États-Unis, a donné des conseils dont on ne peut, à Washington, ni contester la sagesse ni méconnaître l'intention. Néanmoins les susceptibilités sont éveillées en Angleterre comme aux États-Unis, les amours-propres sont froissés, les intérêts restent engagés. L'élasticité des principes généraux, le manque d'accord et de fixité dans la jurisprudence des nations sur la neutralité, créent une source incessante de conflits entre deux peuples également jaloux de leurs droits, également prompts à prendre feu pour les défendre. De nouvelles difficultés ne seront évitées que si tout le monde s'emploie à les prévenir, que si les Américains, dans l'exercice de leurs droits de belligérants, se souviennent qu'il est de leur honneur et de leur intérêt de rester ce qu'ils ont été longtemps, les champions des privilèges des neutres, — si les Anglais aussi, dans leur ardeur à soutenir de nouvelles et libérales doctrines, se rappellent une époque où ils imposaient rigoureusement à autrui les contraintes et les restrictions qu'ils ont aujourd'hui tant de peine à supporter.

En France, dès que l'affaire du *Trent* a été connue, l'opinion publique, quoique généralement plus sympathique à l'Amérique qu'à l'Angleterre, n'a cependant pas hésité à donner raison à cette dernière. Tous nos souvenirs, toutes nos traditions, condamnaient l'acte d'agression dirigé contre un pavillon neutre. Vainement, pour justifier cet acte, essayait-on de s'appuyer sur des précédents plus ou moins exacts qu'on opposait à l'Angleterre. On avait beau jeu pour répondre qu'à tant faire que de changer de doctrine, mieux valait en répudier une mauvaise pour en adopter une bonne qu'en déserter une bonne pour en prendre une mauvaise. Toutefois, sauf de rares exceptions, sauf de malheureuses tentatives bientôt abandonnées, le sentiment universel parmi nous a été que la France devait s'interdire toute autre intervention que celle des bons avis et des conseils amicaux. Le gouvernement français paraît avoir compris, respecté et partagé ce sentiment, si, comme tout l'indique, il s'est borné à faire savoir à Londres qu'il blâmait l'agression, à Washington qu'il conseillait d'en accorder réparation. Cette attitude ne saurait être trop approuvée.

La complète neutralité est si difficile à observer, les belligérants sont si disposés à voir méconnues les obligations qu'elle impose qu'il est nécessaire, dans la position où la France se trouve placée vis-à-vis de l'Amérique, de veiller avec soin sur les apparences elles-mêmes. Il arrive sans cesse que deux pays en guerre croient l'un et l'autre avoir à se plaindre des neutres. C'est un puissant motif pour que le gouvernement impérial apporte à tous ses actes une prudence extrême. De quelque côté que se produise une déviation des règles du droit maritime tel que la France le reconnaît et l'observe, il convient, dans l'intérêt de son repos, de sa dignité, de son influence, qu'elle ne compromette en rien la grande situation qui lui est faite. Elle pèsera plus dans la balance, elle aura sur les événements une action plus décisive par sa neutralité que par une intervention à laquelle rien ne saurait l'engager, et qui ne lui laisserait que le choix de la faute à commettre. Le gouvernement français agira donc dans un sens aussi conforme aux vœux qu'aux intérêts du pays en continuant à rester étranger aux divisions intestines de l'Amérique et aux querelles qu'elle aurait avec d'autres états. Il saura se tenir en garde contre le penchant à l'immixtion dans les affaires d'autrui, dont le résultat le plus ordinaire est de coûter fort cher à l'intervenant, ne lui laissant pour prix de ses sacrifices que des embarras et des mécomptes, sans même lui valoir la reconnaissance de ses obligés.

C'est à tous égards un malheur pour la France que la guerre civile d'où l'Union ne peut sortir telle qu'elle existait avant de s'y engager. Ce résultat tristement inévitable ne compromet pas seulement nos intérêts commerciaux ; il peut affecter l'avenir de nos alliances ; il peut déplacer les chances de luttes futures entre les puissances maritimes. La fédération américaine pesait d'un grand poids dans l'équilibre européen ; son influence devait suffire, en plus d'un cas, pour prévenir des ruptures, et, par un heureux contraste, devenait ainsi, en des mains passablement agitées, une garantie pour la paix du monde. Aussi nul homme sensé parmi nous n'a vu sans une douloureuse émotion la rupture du pacte fédéral et le commencement d'une scission qui, quel qu'en soit le dernier mot, portera une profonde atteinte à la puissance américaine. La France voyait grandir de l'autre côté de l'Océan une nation dont sa sympathie et ses armes ont protégé le berceau. Quels que fussent à l'égard de l'Amérique les préjugés, les opinions, les penchants individuels, quoi qu'on pensât d'institutions pour la durée desquelles les amis de la liberté redoutaient depuis longtemps l'exagération du principe démocratique, quelque douleur qu'inspirât la terrible plaie de l'esclavage, quelque jugement qu'on portât sur la rudesse des mœurs et sur la raideur habituelle des relations internationales, il était impossible que la prospérité de l'Union ne fût pas chez nous l'objet de vœux conformes à la politique traditionnelle de notre pays. Si nous ne pouvons rien pour le maintien du faisceau dont la force était pour nous un intérêt de premier ordre, du moins nous n'aurons pas la folie d'en hâter l'affaiblissement.

La guerre de Crimée, qui a fait tant d'honneur à nos armes, et que d'ailleurs la Russie eut l'insigne imprudence de provoquer, la guerre de Crimée avait pour nous cet inconvénient, qu'elle diminuait, au profit à peu près exclusif de l'Angleterre, les forces navales d'une puissance dont les intérêts et les principes maritimes ont toujours été ceux de la France. Cette puissance nous a aidés, elle aurait pu nous aider encore à combattre des prétentions fondées sur la prépondérance maritime de ceux que les circonstances ont rendus nos alliés après avoir été si longtemps nos adversaires. Je ne blâme pas, je raconte, et je ne m'avance pas trop en affirmant que ces considérations n'échappèrent pas à ceux même qui pensèrent que l'intérêt et l'honneur de la France lui commandaient de n'en pas tenir compte. Aujourd'hui nous sommes libres, sans engagements ; aucune provocation ne nous a été adressée, nous n'avons à venger aucune offense. Nous n'irons pas, quoi qu'il advienne, contribuer à la ruine ou à l'amoindrissement d'une marine à côté de laquelle nous avons plus d'une fois combattu. Le gouvernement impérial peut moins qu'un autre oublier que Napoléon, cédant la Louisiane aux États-Unis en 1803, justifia cet acte par ces paroles : « Il faut, pour l'intérêt de la France, que l'Amérique soit grande et forte. Je lis plus loin que vous dans l'avenir, et je prépare des vengeurs. »

J'espère ne blesser personne par mon langage. Ce n'est pas celui d'un ennemi de l'Angleterre. J'ai toute ma vie été partisan de son alliance, admirateur de ses institutions, ami personnel de beaucoup de ceux qui la servent et qu'elle honore : je crois, dans cet essai même avoir donné plus d'une preuve de l'esprit d'équité qui m'anime à son égard ; mais, quand on traite de si grandes questions, il faut écarter de petits scrupules. Il y a des conditions inévitables dans la situation réciproque des peuples et dans le contingent de leur avenir, sur lesquelles il ne sert de rien de se taire. De même qu'il est heureux pour un pays de savoir souffrir, dans la bouche de ceux qui l'aiment assez pour ne pas le flatter, des vérités qui ne sont pas faites pour lui plaire, de même les nations, dans leurs rapports entre elles, ont plus à gagner à ne jamais déserter leurs grands intérêts qu'à en abdiquer la défense dans de regrettables compromis. Des relations habituelles libres et franches, dans lesquelles chacun s'interdit également les exigences injustes et les complaisantes faiblesses, sont le plus sûr moyen de prévenir les suites fâcheuses des antagonismes, dont il est au-dessus de la puissance humaine de faire disparaître les causes. Le conflit qui divise les États-Unis, le différend anglo-américain, se liaient trop intimement aux questions que j'ai traitées pour que, même dans un écrit où je cherchais les moyens de faire prévaloir le droit sur le fait, les principes sur les intérêts, j'aie pu passer sous silence des événements dont tous les esprits sont préoccupés. Quelque tournure que prennent ces événements, le but vers lequel je me suis efforcé de diriger l'attention des lecteurs de la *Revue* ne restera pas moins important à poursuivre. L'honneur de donner au monde un code maritime en harmonie avec la civilisation moderne nous toucherait plus, je n'hésite pas à le croire, qu'une nouvelle gloire militaire, celle de toutes les gloires qui nous manque le moins. Les déclarations du traité de Paris n'ont été, on l'a dit avec raison, qu'un programme à méditer. Ces déclarations ont posé les bases du futur droit maritime ; elles n'en ont ni éclairci les obscurités ni placé la pratique à l'abri de la plupart des contestations qui sont nées et qui naîtront encore dans toutes les guerres, si les gouvernements, éclairés par l'expérience, n'en préviennent pas le retour. Plus la France a montré d'abnégation en consentant à effacer la course du code maritime de l'Europe, plus elle est fondée à dire aujourd'hui : « Notre œuvre est restée incomplète, ayons le courage et l'honneur de la terminer. Que chacun suive l'exemple que j'ai donné, que chacun s'inspire des sentiments d'humanité qui m'ont déterminée, et que chacun sache faire ses sacrifices. » Tout son passé autorise la France à tenir ce langage, et l'influence qu'elle s'est acquise dans les affaires du monde lui permet d'aspirer au rôle généreux de champion du droit contre la force.

Il est aisé de comprendre les motifs qui ont rendu insuffisantes les déclarations du traité de Paris. On était pressé d'en finir ; l'accord n'avait pas toujours régné parmi les plénipotentiaire ; plus d'une question incidente avait failli troubler l'harmonie ; très probablement on n'aurait pas réussi à s'entendre, si on avait cherché plus de précision. Les circonstances sont aujourd'hui plus favorables, car les faits sont venus prêter leur autorité aux conseils d'une sage prévoyance. Non-seulement chacun peut se rendre compte de périls que de longues années de paix maritime avaient trop fait oublier, non-seulement chacun sent la menace de ces périls suspendue sur sa tête, mais la puissance de qui on aurait pu craindre les plus sérieux obstacles, par sa situation nouvelle de neutre dans un de ces conflits où elle avait toujours joué un rôle actif, s'est trouvée conduite à prendre la défense des droits qu'elle a trop longtemps méconnus. Tout semble donc se réunir pour aider à la préparation et à l'adoption du nouveau code maritime dont je voudrais avoir réussi à démontrer la nécessité. Les obscurités, les doutes, les contradictions, disparaîtront quand on sera décidé à les écarter en évitant le double écueil de toutes les conventions sur la matière, tantôt le laconisme, tantôt la prolixité, qui font également naître les contestations. Garder le silence sur les difficultés dans un traité, c'est l'aveu du parti-pris de ne point les prévoir ; les noyer dans une vague phraséologie, c'est l'aveu de l'impuissance à les résoudre.

Je n'ai pas la prétention de faire plus qu'indiquer ici les questions à traiter :

Fixer et définir nettement les garanties de la propriété privée sur les mers ; arriver, s'il se peut, à en faire consacrer l'inviolabilité ;

Dire ce que c'est que la contrebande de guerre, le dire enfin une fois pour toutes en termes clairs et positifs ;

Réduire les blocus au droit de fermer, du côté de la mer, qui appartient à tous, un port investi par terre, de façon que les belligérants ne puissent imposer sur mer, au commerce neutre, le respect de leurs droits que lorsqu'ils exerceront ces droits sur le territoire ennemi par l'occupation de ce territoire, qui peut seule les sanctionner ;

Réglementer le droit de visite, l'environner de formes suffisamment protectrices de l'honneur et de l'intérêt des neutres ; placer définitivement hors de toute contestation le principe que des navires convoyés ne peuvent être visités, et que la parole de l'officier qui commande l'escorte répond de tout le convoi.

Enfin, pour compléter la réforme, il est à souhaiter qu'on prévienne à jamais le retour d'actes récents dans lesquels le nord et le sud de l'Amérique ont une part à peu près égale de responsabilité et méritent les mêmes reproches. Des prises ont été brûlées en mer, faute1 de pouvoir être conduites dans un port du belligérant ; des ports ont été obstrués par des vaisseaux chargés de pierres, amenés de loin et coulés de façon à rendre la navigation impossible pour longtemps, peut-être pour toujours. Ce sont là des pratiques que doit flétrir une réprobation universelle. Détruire des richesses qu'on ne peut s'approprier, c'est faire une guerre de sauvages ; piller et anéantir sans examen, sans vérification possible, des cargaisons dont tout ou partie peut appartenir à des neutres, et qui, à ce titre, devraient être inviolables, c'est agir en pirates. Plus condamnable encore est l'obstruction des ports, car ce n'est pas seulement la génération présente, ce sont les générations futures qu'on prive de leur patrimoine. Les ports, les fleuves que Dieu a donnés à l'univers pour faciliter les communications et les échanges sont un dépôt sacré fait à l'humanité tout entière, et que nul ne peut aliéner sans crime.

Les questions que soulève la réforme du droit maritime en 1862 sont grandes ; quelques-unes sont aussi vieilles que les premières sociétés ; il en est que de longs siècles de christianisme et de civilisation ont laissées telles que le paganisme et la barbarie les avaient léguées au moyen âge. Il faut enfin, d'un accord trop tardif, mais unanime, mettre un terme à ces misères et à ces hontes. De nombreux congrès ont délibéré sur de moindres intérêts ; il est temps qu'un congrès spécial réunisse les représentants de toutes les nations civilisées du monde chargés de concourir à cette noble entreprise. Le gouvernement qui attachera son nom à l'initiative d'une semblable réforme acquerra une gloire moins éclatante peut-être, mais aussi durable et plus utile que celle des champs de bataille.

ISBN : 978-1545424520

Casimir Perier

www.ingramcontent.com/pod-product-compliance
Lightning Source LLC
Chambersburg PA
CBHW061453180526
45170CB00004B/1688